Workbook to Accompany 한국말 하시네요! / You Speak Korean!
First-year College Korean, Volume II
Haewon Cho, Soohee Kim, Emily Curtis.
ISBN 0-9728356-3-6 (paperback)

Clip art courtesy of *Microsoft Corporation*.

Additional Clip art courtesy of the *Purdue Japanese Language Project*.

Cover Design by Dianne Gardner.

Printed by Alphagraphics, Seattle, WA.

www.ParadigmBusters.com

Workbook to Accompany

한국말 하시네요!

You Speak Korean!

First-year Korean II
Book 2

TABLE OF CONTENTS

INTRODUCTION TO THE SECOND VOLUME

This volume is a continuation of **Workbook to accompany** 한국말 하시네요! / *You Speak Korean!* **First Year College Korean Volume I**. For full introduction to the purpose, content and organization of the workbook, please see the introduction in **Volume I.**

Lesson 16

Vocabulary Exercises   단어 연습

Exercise 1.

Label each sentence with approrpiate expressions given in the box.

1. _____ 2. _____ 3. _____ 4. _____

5. _____ 6. _____ 7. _____ 8. _____

빠르다, 느리다, 똑같다, 비슷하다, 다르다, 모르다, 마르다, 부르다

Exercise 2. Counters
Write the number of each item with a proper counter.

얼음물 두 잔   술 _____   밥 _____

피자_____   스파게티_____   커피 _____

Exercise 3. 음료수

Label the following pictures in Korean.

Exercise 4. 식당, 음식점 **I**

What do you say in the following occasions?

1. 어제 저녁부터 오늘 점심까지 밥을 못 먹었어요.

_____

2. 운동하고 나서 물이 없어서 못 마셨어요.

_____

3. 음식점에서 반찬이 더 필요해요.

_____

4. Thanksgiving 저녁을 너무 많이 먹었어요.

_____

5. 친구가 시험에서 **A**를 받았어요.

_____

6. 여자 친구네 집에서 밥을 먹었어요. 아주 맛있었어요. 다 먹고 나서 ~

_____

7. 식당에서 밥을 다 먹었어요. 계산서가 필요해요.

_____

8. 어머니가 맛있는 김치찌개를 만들었어요. 먹기 전에 어머니한테 ~.

_____

9. 한국 식당에서 아르바이트를 해요. 손님*이 오면 ~.　　　　* 손님 (customer)

_____

Exercise 5. 식당, 음식점 II

Fill in the blanks with appropriate expressions and translate the following dialogue.

웨이트리스: 어서 오세요. _____?

미라: 두 명이에요.

웨이트리스: 이쪽으로 앉으세요. 지금 _____?

지미: 네, 저는 갈비 주세요. 미라 씨는 뭐 시킬래요?

미라: 글쎄요. 뭐가 맛있어요?

웨이트리스: 저희 집은 냉면이 _____.

미라: 그럼 냉면 먹을래요. 냉면 한 그릇 주세요.

웨이트리스: 네, 감사합니다. 잠시만 기다려 주세요.

*   *   *

지미: 여기요! 물 좀 _____.

미라: 그리고 계산서도 주세요.

웨이트리스: 네! _____.

*   *   *

지미, 미라: 잘 먹었습니다.

웨이트리스: 감사합니다. 안녕히 가세요. _____.

Grammar Exercises   문법 연습

Exercise 1. (으)ㄹ래요 I

Complete the following dialogues using the -(으)ㄹ래요 ending.

예) A: 불고기로 <u>할래요</u>?   (하다)

  B: 네, 좋아요.

1. A: 피곤하면 집에서 _____?   (쉬다)

  B: 네, 고맙습니다.

2. A: 이 고기 좀 _____?   (굽다)

  B: 네, 저한테 주세요.

3. A: 저하고 같이 테니스_____?   (치다)

  B: 네, 같이 쳐요.

4. A: 같이 커피 한 잔 _____?   (마시다)

  B: 네, 그래요.

5. A: 오늘은 언제 집에 _____?   (오다)

  B: 열 시요.

6. A: B씨가 이메일을 _____?   (쓰다)

  B: 네, 알았어요.

Exercise 2. (으)ㄹ래요 II

Answer the following questions using the -(으)ㄹ래요 ending.

1. 오늘 집에 가서 뭐 할래요?

_____

2. 이번 주말에 뭐 할래요?

_____

3. 오늘 점심에 뭐 먹을래요?

_____

4.   한국어 수업 끝나고 (over) 뭐 할래요?

_____

Exercise 3. Noun-modifying adjective (으)ㄴ I.

Fill in the blanks with noun-modifying adjectives.

1. 크다   _____ 사람   2. 맵다   _____ 김치

3. 뜨겁다   _____ 커피   4. 시다   _____ 식초

5. 맛있다   _____ 아이스크림

6. 예쁘다   _____ 여자   7. 많다   _____ 돈

8. 좋아하다   _____ 사람   9. 싫다   _____ 음식

10. 괜찮다   _____ 집   11. 달다   _____ 과자

12. 쓰다   _____ 커피   13. 시원하다   _____ 콜라

14. 바쁘다   _____ 학생   15. 싱겁다   _____ 음식

16. 재미없다   _____ 영화

Exercise 4. Noun-modifying adjective (으)ㄴ II

Describe the following picture using noun-modifying adjectives.

1. _____ 사람

2. _____ 여자

3. _____ 아이스크림

4. _____ 커피

5. _____ 선생님

6. _____ 케이크

7. _____ 마늘

8. _____ 된장 찌개

9. _____ 과자

10. _____ 과자

11. _____ 맥주   12. _____ 사람

13. _____ 성적 (grade)   14. _____ 성적

15. _____ 차   16. _____ 포테이토 칩

Exercise 5. Noun-modifying adjective (으)ㄴ III.

Complete the following sentences with noun-modifying adjectives.

1. 나는 _____ 음식을 좋아해요.

2. 나는 _____집에 살아요.

3. 김치는 _____ 음식이에요.

4. 친구하고 _____ 커피를 마셨어요.

5. 시장에서 _____ 사탕을 샀어요.

6. Jennifer Lopez는 _____ 여자에요.

7. Hitler는 _____사람이에요.

Exercise 6. –어/아서 I. *go/come (and then and there) + activity*

Connect the following two sentences using -어/아서.

1. 오늘 백화점에 같이 가자. 거기에서 어머니 선물을 사자.

    _____

2. 지난 주말에 한국 식당에 갔어요. 거기에서 불고기하고 냉면을 먹었어요.

    _____

3. 오늘 우리 집에 오세요. 여기에서 같이 한국어 공부를 해요.

    _____

4. 어제는 친구들이 집에 왔어요. 그리고 집에서 같이 TV를 봤어요.

    _____

5. 저는 아침에 일찍 일어나요. 그리고 운동을 해요.

    _____

Exercise 7. –어/아서 II. *go/come (and then and there) + activity*

Describe the following pictures using –어/아서.

1.  +  ______________________

2.  +  ______________________

3.  + 

____

4.  +  ______________________

5. 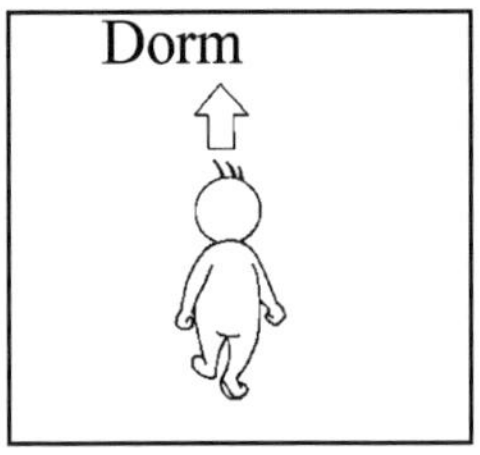

\+  ______________________

Exercise 8. 르-irregular verbs

Fill in the blanks with the appropriate expressions from the box below. Be sure to conjugate them properly!

1. 비행기*는 _____고 자전거*는 느려요.
   * 비행기 (airplane)   * 자전거 (bicycle)

2. 저는 너무 _____ 사람은 싫어요.

3. 전화번호를 _____서 전화를 못 했어요.

4. 한국어하고 영어는 아주 _____요.

5. A: 저 선생님 이름을 알아요?

   B: 아니오. _____.

6. 나는 한국 노래를 잘 _____요!

7. 내일 친구들하고 노래 _____러 노래방에 갈 거에요.

8. 저 사람들은 얼굴*이 _____지만 쌍둥이*에요.   *얼굴 (face) *쌍둥이 (twins)

9. 노래방에 가서 노래 _____자!

10. 그 옷은 별로 안 예쁘네요. _____ 옷을 입으세요.

빠르다, 다르다, 마르다, 부르다, 모르다

Exercise 9. Counters

Fill in the blanks with appropriate numbers and counters.

1. 차 _____   2. 국수 _____   3. 김치 _____

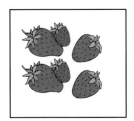

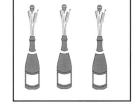

4. 딸기 _____   5. 맥주 _____   6. 술 _____

Exercise 10. Noun 같아요

1. That kid is like a monkey (원숭이)!

2. Kalbi is like American barbecue.

3. Korean pears are like apples!

4. I want to date someone (a person) like Antonio Banderas.

5. He's a teacher (who is/acts) like a father.

6. It tastes like (similar to) cucumber. (= it's a cucumber-like taste (맛).

Exercise 10. Review: Conjugation Practice

	어요/아요	었/았어요	-지요	(으)니까	(으)면	(으)ㄴ
가다						
오다						
달다						
알다						
짜다						
먹다						
마시다						
시키다						
시다						
맵다						
싱겁다						
뜨겁다						
차갑다						
시원하다						
따뜻하다						
쓰다						
예쁘다						
나쁘다						
맛있다						
맛없다						
빠르다						
다르다						
부르다						

Comprehensive Exercises

Listening Exercises   듣기 연습

Exercise 1.

Circle all the correct answers

1. The speaker likes

1) Fish   2) Vegetables   3) Meat   4) Fruit

2. What will the speaker cook tomorrow?

1) Seafood   2) Beef   3) Noodles   4) Vegetables

3. The speaker will buy _____ to make salad.

1) Cucumber   2) Icicle radish   3) Zucchini   4) Spinach

4. The speaker will buy _____ to make 된장찌개.

1) Beef   2) Tofu   3) Squid   4) Mushrooms

5. Which one is true?

1) "My" mother's birthday is today.   2) My younger sister will make a cake.
3) I will go to the market tonight.   4) I will buy some tofu and lettuce.

Exercise 2.

Circle all the correct answers.

1. According to the speaker, Korean food is

1) sweet   2) sour   3) salty   4) spicy

2. I like

1) beef   2) pork   3) fish   4) vegetables

3. According to him, 불고기 is

1) sweet　　　　　2) salty　　　　　3) spicy　　　　　4) delicious

4. At the Korean restaurant, my girlfriend and I usually order

1) 비빔밥　　　　　2) 불고기　　　　　3) 된장찌개　　　　　4) 냉면

5. Who likes 김치?

1) I　　　　　2) girlfriend

Exercise 3.

Circle all the correct answers.

1. Jimmy is

1) hungry　　　　　2) thirsty　　　　　3) hot　　　　　4) cold

2. 영미 wants to eat

1) 갈비　　　　　2) 불고기　　　　　3) 냉면　　　　　4) 비빔밥

3. Jimmy doesn't like

1) beer　　　2) beef　　　　　3) 냉면　　　　　4) pork

4. How many bottles of beer did they order?

1) one　　　2) two　　　　　3) three　　　　　4) four

5. 영미 _____ orders alcoholic drinks at restaurants

1) always　　　　　2) usually　　　　　3) often　　　　　4) never

Reading Exercises   읽기 연습

Exercise 1. Read the paragraph and then circle the answers to the questions below.

우리 가족은 평일 아침에 보통 빵하고 우유를 먹어요. 점심에는 나는 샌드위치를 먹고 누나는 학생 식당에서 국수나 빵을 먹어요. 아버지하고 어머니는 밥을 좋아해서 점심에 항상 밥을 먹어요. 저녁에는 가족이 같이 한국 음식으로 저녁을 먹어요. 주말에는 아침에도 한국 음식을 먹어요. 밥하고 찌개를 먹어요. 주말 저녁에는 보통 불고기나 갈비를 먹어요. 나는 고기를 아주 좋아해서 불고기하고 갈비를 아주 많이 먹어요. 그렇지만 누나는 고기를 싫어해서 야채만 먹어요. 저녁 식사 후에 보통 과일을 먹어요. 사과하고 배, 그리고 포도를 먹어요.

1. For lunch, I eat _____

1) bread   2) noodles   3) a sandwich   4) cooked rice

2. For lunch, my sister eats

1) Korean bento   2) noodles   3) dumplings   4) ramen

3. For dinner, my family eats Kalbi and Bulgogi

1) everyday   2) occasionally   3) on the weekend   4) never

4. My sister does not like

1) meat   2) fruit   3) vegetables   4) cooked rice

5. After dinner, my family eats

1) pears   2) strawberries   3) apples   4) grapes

6. On a weekend, my family usually has _____ for breakfast.

1) cooked rice   2) soup   3) bread   4) milk

Exercise 2. Read the paragraph and answer the following questions.

제시:	아.._____. 빨리 점심 먹어요. 어디에서 먹을래요?
로라:	한국 음식이 어때요?
제시:	한국 음식 안 매워요? 김치, 김치 찌개.... 한국 음식은 너무 매워요!
로라:	저는 매운 음식이 좋아요. 제시씨는 매운 음식을 싫어해요?
제시:	저는 맵고 짠 음식은 잘 못 먹어요.
로라:	한국 식당에 싱거운 음식도 있어요. 물냉면은 시원하고 맛있어요. 학교 뒤 사계절 식당에서 물냉면을 잘 해요. 나하고 같이 한국 식당에 가요!
제시:	아니오. 저는 국수를 싫어해요. 저기 맥도날드에서 햄버거나 먹을래요.

1. Fill in the blank above with the appropriate translation of "I am hungry."

2. What time is the conversation most likely to have taken place?

1) 10:00 a.m.   2) 1:00 p.m.   3) 5:00 p.m.

3. What problem does Jesse have with Laura's initial suggestion?

4. What is good at 사계절 식당?

5. Where are Jesse and Laura going?

Exercise 3. Read the paragraph and answer the following questions.

한국 음식은 맛있어요. 국제적으로 잘 알려진 한국 요리에는 여러 가지가 있어요. 갈비, 불고기, 비빔밥, 그리고 냉면 등이에요.

갈비하고 불고기는 소고기나 돼지고기로 만들어요. 설탕, 간장, 참기름, 마늘, 파를 넣고 불에 구워요. 아주 맛있어요. 그리고 외국 사람들은 비빔밥을 아주 좋아해요. 비빔밥은 밥 위에 여러 가지 나물들을 놓아요. 또 고추장도 넣어요. 그리고 모두 함께* 비벼요. 냉면은 차가운 한국의 국수 요리에요. 냉면은 차가운 국수에요. 그래서 보통 여름에 먹어요.

국제적으로: internationally
잘 알려진: well-known
여러 가지: several kinds

나물: cooked vegetables
비비다: mix/stir by smooshing the ingredients together
여름: summer

1. 한국의 유명한 (famous) 음식은 뭐에요?

   _____

2. 갈비하고 불고기는 뭐로 만들어요?

   _____

3. 갈비하고 불고기에 뭐를 넣어요?

   _____

4. 냉면은 보통 언제 먹어요?

   _____

46

Exercise 4. Read the paragraph and answer the following questions.

한국의 중요한 음식은 밥하고 국, 그리고 김치에요. 밥은 밥그릇에 담고 국은 국그릇에 담아요. 그리고 밥그릇은 항상 국그릇의 왼쪽에 놓아요. 반찬들하고 김치, 찌개는 밥하고 국의 앞에 놓아요. 한국 사람들은 반찬하고 찌개를 다 같이 먹어요. 보통 반찬들은 서너 가지 이상 놓아요. 그리고 국의 오른쪽에 숟가락하고 젓가락을 놓아요. 숟가락이 젓가락의 왼쪽에 있어요. 밥하고 국은 숟가락으로 먹고 반찬은 젓가락으로 먹어요. 그리고 물은 컵으로 마셔요. 자, 이제 한국음식에 대해서 잘 알지요? 한국 식당에 가서 같이 맛있는 한국 음식을 먹어요!	중요한 :important 담다: put (in a bowl or container) 서너가지이상: more than three or four kinds -에 대해서 about

1. 밥그릇은 어디에 놓아요?

    _____

2. 밥하고 국은 뭐로 먹어요?

    _____

3. 반찬은 뭐로 먹어요?

    _____

4. 물은 뭐로 마셔요?

    _____

5. 한국 사람들은 찌개를 혼자 먹어요?

    _____

6.   On a separate sheet of paper, draw a picture of the table setting for a Korean dinner.

Writing Exercises   쓰기 연습

Exercise 1. My favorite dish

Write about your favorite dish.

_____

_____

_____

_____

_____

_____

_____

_____

Exercise 2. My weekly plan

이번 주말에 뭐 할 거에요? Try to use the grammar points you have learned in this chapter.

Exercise 3. New Roommate

You have a new roommate. Make 8 requests using -(으)세요 and -지 마세요.

_____

_____

_____

_____

_____

_____

_____

Scripts for Listening Exercises

Exercise 1

내일은 우리 엄마 생일이에요. 그래서 내일은 우리 가족하고 엄마 생일 파티를 할 거에요. 케익은 동생이 만들고 저녁은 내가 만들 거에요. 나는 고기를 좋아하고 채소를 싫어하지만 엄마는 야채하고 해물을 좋아하고 고기를 싫어해요. 그래서 내일은 채소요리하고 해물 요리를 할 거에요. 오늘 오후에는 슈퍼에 가요. 거기에서 토마토하고 오이하고 상추하고 버섯을 살 거에요. 그래서 샐러드를 만들 거에요. 또 오징어하고 무도 살 거에요. 두부는 집에 있어서 안 살 거에요. 그래서 오징어 된장찌개 만들 거에요. 엄마가 아주 좋아할 거에요.

Exercise 2

나는 한국 음식을 좋아해요. 한국 음식은 맵고 좀 짜요. 하지만 아주 맛있어요. 나는 소고기하고 채소를 좋아해요. 그래서 비빔밥하고 불고기를 아주 좋아해요. 내 여자 친구는 된장찌개하고 냉면을 좋아해요. 그래서 여자친구하고 나는 한국 식당에서 보통 불고기하고 냉면을 시켜요. 내 여자 친구는 김치를 아주 좋아해요. 그래서 김치를 많이 먹어요. 하지만 나는 김치를 못 먹어요. 불고기만 많이 먹어요.

Exercise 3

영미:	아, 날씨가 참 덥지요?
지미:	네. 저는 덥고 배 고파요! 빨리 뭐 먹어요.
	영미씨, 뭐 먹을래요?
영미:	이 식당은 갈비가 전문이에요. 난 갈비 먹을래요. 지미씨는요?
지미:	저는 소고기를 안 좋아해요. 냉면 먹을래요.
영미:	좋은 생각이에요. 냉면이 아주 시원하지요. 술도 시킬래요?
지미:	술 좋아해요?
영미:	그럼요! 식당에서 항상 술 시켜요.
지미:	음...그럼 맥주 시켜요.
~ ~ ~ ~ ~ ~ ~ ~	
종업원:	주문하시겠어요?
영미:	여기 갈비 하나하고 냉면 한 그릇 주세요.
지미:	맥주도 세 병 주세요.
종업원:	알겠습니다. 잠시만 기다려 주세요.

CHAPTER 4.5   무슨 색을 제일 좋아해요?

Exercise 1. 무슨 색이에요?

Write the color names of the following items in Korean.

CHAPTER 4.5 무슨 색을 제일 좋아해요?

Exercise 2. 무슨 색이에요?

Fill in the blanks with appropriate color names.

1. _____ + 하얀 색 = 회색

2. 빨간 색 + _____ = 주황색

3. _____ + 노란 색 = 연두색

4. 빨간색 + 하얀 색 = _____

5. _____ + 파란 색 = 보라색

6. _____ + 노란 색 = 초록색

7. _____ + 파란 색 = 하늘색

8. 까만색 + 파란 색 = _____

CHAPTER 5 추운데 문 닫아도 돼요?

Lesson 17

Vocabulary Exercises　　　　단어 연습

Exercise 1.

Fill in the blanks with the appropriate names of the body parts.

1. _____으로 기타를 쳐요.

2. _____으로 봐요.

3. _____로 들어요.　　　　　　　　　　　　　　*들어요 : to hear

4. _____로 축구를 해요.

5. 밥을 많이 먹어서 _____가 불러요.

6. 개는 _____가 있지만 사람은 없어요.

7. 내 친구는 _____가 좋아서 항상 A를 받아요.

8. 우리 할머니 _____은 하얀 색이에요.

Exercise 2. Labeling

Label the following pictures with at least 6 words each.

Exercise 3. Description

Describe each person's appearance.

1. A, and B

_____

_____

_____

  A   B

2. 모나리자

_____

_____

_____

3. 마녀 (witch)

_____

_____

_____

4. 우리 오빠

_____

_____

_____

Grammar Exercises   문법 연습

Exercise 1. Expressing background information or reservation 은데/는데 I

Conjugation Practice

있다	있는데	좋다	좋은데
쓰다		달다	
먹다		맵다	
사다		시다	
놀다		작다	
시키다		바쁘다	
쉬다		선생님이다	
모르다		친구다	

Exercise 2. Expressing background information or reservation 은데/는데 II

Decline the offer/ request politely using the given information.

1. 저하고 같이 점심 먹을래요?

   배가 안 고픈데요.....   (배가 안 고프다)

2. 내일 같이 영화 보러 갈래요?

   _____   (내일 친구 집에 가다).

3. 오후에 도서관에서 같이 공부할래요?

   _____.   (오후에 좀 바쁘다)

4. 내일 같이 테니스 칠래요?

_____.　　(테니스 잘 못 치다)

5. 김치찌개 먹을래요?

_____.　　(매운 음식을 별로 안 좋아하다)

6. 커피 좀 줄래요?

_____.　　(지금 커피가 너무 뜨겁다)

Exercise 3. Expressing background information or reservation 은데/는데 III

Answer the questions using –은데/는데요 as shown in the example.

예) 몇 학년이에요?

　　사학년인데요.

1. 어느 나라 음식 좋아해요?

　　_____

2. 몇 시에 학교에 와요?

　　_____.

3. 어디에 살아요?

　　_____.

4. 오후에 바빠요?

　　_____.

5. 주말에 시간 있어요?

　　_____.

Exercise 4. Expressing background information or reservation 은데/는데 IV

Fill in the blanks using –은데/는데 forms

1. 배가 _____ 뭐 먹을래요?   (hungry)

2. 한국 식당에 _____ 같이 가자!   (go)

3. 내일 시험이 _____ 오후에 도서관에서 같이 공부할래요?   (is)

4. 국이 _____ 소금 좀 주세요.   (bland)

5. 이 케이크가 너무 _____ 미미씨가 먹을래요?   (sweet)

6. 한 시에 친구를 _____ 같이 만날래요?   (meet)

Exercise 5. Expressing background information or reservation 은데/는데 V

Fill in the blanks with proper –은데/는데 forms.

1. 3월_____ 눈이 와요!   *눈: snow   (이다)

2. A: 오후에 같이 도서관에서 공부할래요?

     B: 오후에 아르바이트에 _____. 내일 해요!   (가다)

3. 전화 번호를 _____ 어떻게 전화를 해요?   (모르다)

4. 저는 높은 코를 _____ 제 친구는 아주 좋아해요.   (싫어하다)

5. 어제는 바빠서 공부를 못 _____ 오늘은 많이 할래요.   (하다)

6. 친구 집에 _____ 친구를 못 만났어요.   (가다)

7. A: 어디 살아요?
     B: Bellevue 에 _____   (살다)

8. 빨간 사과는 _____ 파란 사과는 안 달아요.   (달다)

9. 이 김치가 좀 _____ 괜찮아요?   (맵다)

10. 나는 초등학교 때 키가 _____ 지금은 아주 커요.   (작다)
    * 초등 학교 (elementary school), 때 (at the time of)

Exercise 6. 되다

Which one is right? Circle the right answer.

1. 나는 커서 선생님이 (될, 될) 거에요.

2. 이번 학기에 저는 이 학년이 (돼, 되)요.

3. 아홉 시나 (됐, 돼, 됬, 되)는데 아직 저녁을 못 먹었어요?

4. 어제는 공부가 잘 (됐, 됬)는데 오늘은 잘 안 (돼, 되)요.

5. 빨간 색하고 파란 색을 섞으면* 보라색이 (돼, 되)지요?   *섞다 (mix)

6. 나중에 선생님이 (돼, 되)면 숙제를 조금만 내 줄 거에요*.   *내 주다 (assign).

7. 우리 좋은 사람이 (돼, 되)자!

Exercise 7. –읍시다!/ -지 맙시다! I   *Let's/ Let's not 1*

Complete the sentences using –읍시다! or -지 맙시다.

예) 선생님을 만나면 <u>인사합시다</u>!

1. 집에 너무 더러우면 _____
    * 더럽다 : be dirty

2. 시험이 끝났으니까 _____

3. 내일 시험이 있으니까 _____

4. 이번 주말은 바쁘니까 _____

5. 불고기가 먹고 싶으니까 _____

6. 저번 주에 너무 술을 많이 마셨으니까 _____

7. 고기를 안 좋아하면 _____

8. Your own sentence: _____

Exercise 8. –읍시다!/ -지 맙시다! **II**   *Let's/ Let's not 2*

Accept and decline following the invitations using –읍시다/ -지 맙시다.

예)   A: 오늘은 점심에 한국 음식을 먹을래요?

B: 네! 먹읍시다!   / 아니오. 한국 음식 먹지 맙시다. 햄버거 먹읍시다.

1. 내일 시험 있으니까 같이 공부 할래요?

Accept: _____

Decline: _____

2. 내일 금요일인데 같이 놀래요?

Accept:_____

Decline: _____

3. 우리 같이 책을 쓸래요?

Accept:_____

Decline: _____

4. 우리 저 영화 볼래요?

Accept:_____

Decline: _____

Exercise 9. −이나   *or something like that*

Give your whiny friend some suggestions.

1. This picture (of a face) is weird. What does it need? (*a nose*)

2. What should I have for snack?

3. I'm so thirsty!

4. Why is it so cold?!

5. Korean is so hard; what should I do? (*study!*)

6. What should I give my sister for her birthday?

7. What should I wear to the party on Friday?

8. What (food) should I make for the party?

Exercise 10. -도 *even*

Complete the sentences as shown in the example.

예) A: 돈 있어요?

   B: 아니오, <u>크레딧 카드도</u> 없어요!

1. 점심 먹었어요? 아니오, _____ 안 먹었어요!

2. 내 동생은 공부를 너무 열심히 해요. _____ 도서관에 가요!

3. 나는 너무 바빠요. _____ 일해요!

4. 이 김치는 아주 매워요. _____ 잘 못 먹어요.

5. 내 여자 친구는 운동을 잘 해요. 그리고 _____ 잘 해요!

Exercise 11. 아무 것도, 아무도   *Nothing, nobody*

Complete the sentences using 아무 것도, 아무도.

예) A: 커피에 뭐 넣어요? →   B: 저는 커피에 <u>아무 것도</u> 안 넣어요.

1. 아! 배 고파요. 오늘 아침부터 _____.

2. 어제는 피곤해서 집에만 있었어요. 그래서_____.

3. 밥은 고기를 싫어해요. 그래서 고기는 _____.

4. 가족들이 여행을 갔어요*. 그래서 집에 _____.

   * 여행을 가다: travel

5. 이화 여자 대학교는 여학생만 있어요. 남학생은 _____.

Exercise 12. ㄹ **conjugation review**

Conjugate the verbs and adjectives appropriately.

예) 저는 졸업하면 뉴욕에서 <u>살</u> 거예요.   (살다)

1. 이 사과는 정말_____네요.   (달다)

2. 양파는 내가 _____니까 제니씨는 당근을_____세요   (썰다)

3. 김 선생님은 머리가 아주_____지요?   (길다)

4. 한국 슈퍼에서 콩나물을_____아요.   (팔다)

5. 저기 머리가_____ 사람이 제 동생이에요.   (길다)

6. A: 지금 뭐 해요?

   B: 친구하고_____는데, 왜요?   (놀다)

7. 김치찌개 _____면 룸메이트가 아주 좋아해요.   (만들다)

8. 우리 이 집을_____시다   (팔다)

9. A: 어디 가요?

   B: 내일 내 동생 생일이에요. 그래서 언니랑 케이크_____러 가요   (만들다)

10. 기숙사에 _____는 사람이 누구예요?   (살다)

Lesson 18

Vocabulary Exercises　　　　단어 연습

Exercise 1. Matching

Complete the table.

	Put on	Take off		Put on	Take off
옷을		벗다	치마를	입다	
모자를			안경를		
신발을			양말을		
바지를			반지를		
넥타이를			허리띠를		
목걸이를			우산을		
코트를			시계를		

Exercise 2. Matching

Fill in the blanks with all the items that can be put on each part of the body.

모자, 안경, 귀걸이, 허리띠, 넥타이, 반지, 시계, 치마, 바지, 양말, 신발, 구두

1. 머리 위에_____을/를 써요 .

2. 손가락에_____을/를 껴요.

3. 허리에_____을/를 매요.

4. 발에_____을/를 신어요.

5. 목에 _____을/를 매요.

6. 팔에 _____을/를 차요.

7. 귀에 _____을/를 껴요.

8. 손에 _____을/를 껴요.

Exercise 3. Descriptions

Describe these pictures. Use the past tense for 'wearing' verbs.

1. 제임스　　　　제임스는 모자를 썼어요.

_____

_____

_____

2. 지미

_____

_____

_____

3. 신디

_____

_____

_____

4. 피터

_____

_____

_____

Exercise 4. 뭐가 있어요?

What kinds of items can you find in the following places?

예) 식당   <u>접시, 컵, 숟가락, 젓가락</u>

1. 옷장   _____

2. 화장실   _____

3. 목욕탕   _____

4. 신발장*   _____
   *신발장 (shoes closet)

Grammar Exercises   문법 연습

Exercise 1. Expressing general wishes –(으)ㄹ게요.

Answer the following commands/requests using –(으)ㄹ게요.

예)   슈퍼에 가서 감자하고 토마토 좀 사 와.
        네, 지금 갈게요.

1. 빨래 좀 하세요!

_____.

2. 자기 전에 이빨을 닦아!

_____.

3. 오늘은 엄마 친구가 오니까 일찍 와.

_____.

 4. 오늘은 추우니까* 이 모자를 써.   *춥다 (be cold)

_____.

5. 누가 이 생선 좀 구울래요?

_____.

6. 누가 이 구두 신을래요?

_____

Exercise 2. Expressing general wishes –고 싶다 I

Fill in the blanks with –고 싶다 forms

예) 나중에* 뉴욕에서 살고 싶어요.   *나중에 (later)   (to live)

1. 나는 오늘 저녁에 친구하고 _____.   (to play)

2. 민지는 내일 집에서 _____.   (to take a rest)

3. 나는 김치찌개를 _____.   (to eat)

4. 동생은 테니스를 _____.   (to play)

5. 이 반지를 _____.   (to wear)

6. 친구한테 편지를 _____.   (to write)

Exercise 3. Expressing general wishes –고 싶다 II

Answer the following questions using –고 싶다 forms.

예) What do you want to wear tomorrow?

<u>내일은 빨간 티셔츠하고 청바지를 입고 싶어요.</u>

1. Where do you want to live?

_____.

2. What do you want to eat for lunch?

_____.

3. What do you want to do this summer?

_____.

4.   When do you want to get married (결혼하다)?

_____.

5.   What do you want to do before you turn 30?

_____.

6.   What do you want to do this weekend?

_____.

Exercise 4. ㅎ irregular

Conjugate the ㅎ irregular adjectives appropriately.

예) <u>노란</u> 바나나가 맛있어요.   (yellow)

1.   어제는_____티셔츠를 입었으니까_____티셔츠를 입으세요. (blue, red).

2.   내 친구는 머리는 _____고 눈은 _____요.   (black, blue)

3.   이 김치는 색깔이 _____지만 별로 안 매워요.   (red)

4.   어제 블라인드 데이트_____요?   (how)

5.   나는 _____ 사람을 좋아해요.   (this kind of)

6.   입술이 너무 _____면 이상해요!   (red)

7.   마이클 씨는 긴 머리를 좋아하지요. _____지요? (is it right?)

8.   이 바나나는 색깔이 _____니까 맛있을 거에요.   (yellow)

9. 이 모자는 색깔이 _____서 싫어요!   (black)

Exercise 5. Concession connector –어도   *Even if, even though*

Fill in the blanks.

예) 밥을 많이 <u>먹어도</u> 배가 고파요.

1. 키는 _____ 다리는 길어요.   (to be short)

2. _____ 아주 맛있어요.   (to be spicy)

3. 음식이 _____ 소금을 안 넣어요.   (to be bland)

4. 친구를 _____ 재미 없어요.   (to meet)

5. 공부를 많이 _____ 어려워요.   (to study)

6. 콜라는 많이_____ 목이 말라요.   (to drink)

7. 코트를 _____ 추워요 (cold)   (to wear)

Exercise 6. Completion of an event 써어 (review)

Describe the clothes you are wearing now. Be sure to use the past tense

_____.

_____.

_____.

_____.

Lesson 19

Vocabulary Exercises   단어 연습

Exercise 1.   외모하고 성격
Arrange the following words into pairs of opposites.

말이 많다. 섹시하다. 고집이 세다. 친절하다. 뚱뚱하다. 착하다.

잘 생겼다. 말이 적다. 멋있다. 멍청하다. 날씬하다. 불친절하다. 귀엽다.

못 생겼다. 똑똑하다.

Positive   Negative

_____   _____

_____   _____

_____   _____

_____   _____

_____   _____

_____   _____

Exercise 2.   기분, 외모 그리고 성격

Describe the following people.

Exercise 3.   좋은 사람/ 싫은 사람.

Describe what kind of person you like and you don't like.

_____

_____

_____

_____

_____

Grammar Exercises   문법 연습

Exercise 1. Permission –어/아도 돼요? I.

You lost your suitcase and would like to borrow some clothes from your friend.
Complete your questions with appropriate verbs. Use –어/아도 돼요? forms.

예) 언니 우산을 <u>내가 써도 돼요?</u>

1. 이 청바지 _____?

2. 노란 모자 _____?

3. 파란 넥타이_____?

4. 이 신발_____?

5. 이 귀걸이_____?

6. 이 시계_____?

Exercise 2. Permission –어/아도 돼요? II

Write a sentence asking for permission to do something from the following people.

예) 선생님   <u>숙제 내일 안 내도 돼요?</u>

1. 선생님   _____.

2. 룸메이트_____.

3. 어머니   _____.

4. 누나/언니/ 동생 _____

5. 남자/여자 친구 _____

Exercise 3. Denying permission –(으)면 안 돼요.

Answer the questions using –으면 안 돼요.

예)　　내일 일요일인데 늦게 일어나도 돼요?

　　　<u>아니오. 늦게 일어나면 안돼요.</u>

1. 내일 숙제를 안 내도 돼요?

　　_____

2. 이 귀걸이를 껴도 돼요?

　　_____

3. 여기서 신발을 벗어도 돼요?

　　_____

4. 이 안경 좀 써도 돼요?

　　_____

5. 이 공원에서는 고기를 구워도 돼요?

　　_____

6. 수업 시간에 노래를 불러도 돼요?

　　_____

7. 오늘 금요일인데 밤에 친구들하고 놀아도 돼요?

　　_____

8. 지금 책을 읽어도 돼요?

　　_____

Exercise 4. –어/아도 돼요/ -으면 안 돼요 **Review**

What can you do and can't you do in the following places?

예) 체육관에서는 옆 사람하고 얘기해도 돼요.

　　체육관에서는 구두를 신으면 안 돼요.　.

1.한국어 교실에서는　_____

　　　　　　　　　　　　_____

2. 도서관에서는　_____

　　　　　　　　　　_____

3. 체육관에서는　_____

　　　　　　　　　_____

4. 영화관에서는　_____

　　　　　　　　_____

5. 교회 (church)에서는　_____

　　　　　　　　　　　_____

6. 기숙사에서는　_____

　　　　　　　　_____

Exercise 5. Action in progress (am/is/are doing) 고 있다

지금 뭐 하고 있어요? (Describe each picture using –고 있다.)

민수   엄마   형   지미하고 낸시

폴   존   팀   수지

1. 민지는 _____.

2. 엄마 _____.

3. 형은 _____.

4. 지미하고 낸시는_____.

5. 폴은_____.

6. 존은_____.

7. 팀은_____.

8. 수지는_____.

Exercise 6. 내내/ 종일

Fill in the blanks with 내내 or 종일

1. 세시간 _____ 일했어요!

2. 하루_____ 친구하고 한국어 공부했어요.

3. 일 년 _____ 아르바이트를 했어요.

4. 오후에 여자친구가 올 거에요. 그래서 아침 _____방을 청소했어요.

Exercise 7. Adjectives in self-talk

Translation

1. Boy, I am so full!

_____.

2. I'm so bored!

_____.

3. This kimchi is really spicy!

_____.

4. Darn, am I so busy!

_____.

5. This hat is really pretty!

_____.

6. Man, he is so tall!

_____.

Exercise 8. –어 죽겠다   **dying of**

Rewrite the following sentences using –어 죽겠다.

예) 아! 너무 매워요! → 아! 매워 죽겠어요!

1. 와, 힘들다.*   * 힘들다 (be strenuous, difficult)

_____

2. 아~ 심심하다!

_____.

3. 김치가 먹고 싶다!

_____.

4. 아이구, 너무 바쁘다!

_____

5. 우리 강아지가 너무 귀엽다

_____.

6. 하루 종일 안 먹어서 배가 고프다

_____.

Exercise 9. -어 하다   **others' feelings**

Describe when (으면) you have the following feelings and someone else who shares them.

1. in a good mood
2. bored
3. feel stifled/restless
4. in a bad mood

Lesson 20

Vocabulary Exercises   단어 연습

Exercise 1.

Answer the questions.

1. 워싱톤하고 캘리포니아 사이에 뭐가 있어요?   _____

2. 한국어 수업에서 제일 키가 큰 사람은 누구예요? _____

3. 언제 마지막으로 디즈니 영화를 봤어요?   _____

4. 일어나서 제일 처음에 뭐 해요?   _____

5. 여름 방학* 동안 뭐 하고 싶어요?   _____
   *여름 방학 (summer vacation)

6. 한국 음식 중에 뭐가 제일 맛있어요?   _____

7. 밥 먹기 전에 먼저 뭐 해요?   _____

8. 남보다 뭐를 잘 해요?   _____

9. 자기 얼굴 중에서 어디가 제일 예뻐요?   _____

Exercise 2.

What kind of person are you? Answer Yes or No to the following questions. Then describe yourself using expressions from Lessons 19 and 20.

1. 모르는 사람*에게 먼저 말을 걸어요?   _____
   * 모르는 사람: person you don't know

2. 발이 넓어요?   _____

3. 친구들한테 인기가 좋아요?   _____

4. 어머니를 자주 도와 줘요?   _____

5. 시험에서 A를 받아도 겸손해요?   _____

6. 형제들하고 사이가 좋아요?   _____

7. 싸워서 서먹서먹한 친구가 있어요?   _____

8 친구들한테 아는 척을 많이 해요?   _____

_____

_____

_____

_____

Exercise 3.

How would you describe the person in the following descriptions? Use new expressions from Lessons 19 and 20.

1. 누구하고도 사이가 좋아요.   _____

2. 처음 만나도 얘기를 잘 해요.   _____

3. 친구들이 아주 많아요. 그리고 항상 바빠요. _____

4. 많이 알아도 잘난 척 안해요.   _____

5. 친구들을 잘 도와 줘요.   _____

6. 자기 얘기만 하고 남의 얘기를 안 들어요*. _____

   *들어요 (listen to)

Grammar Exercises   문법 연습

Exercise 1. 은/는 것 같아요 I   **. It seems that**

Rewrite the following sentences using –은/는 것 같아요.

예)   저 영화는 별로 재미 없어요.

   → 저 영화는 별로 재미 없는 것 같아요.

1. 저 학생은 친구들한테 인기가 좋아요.

   _____.

2. 이 커피는 좀 달아요.

   _____.

3. 영희씨는 친구가 없어서 심심해 해요.

   _____.

4. 커피가 좀 뜨거워요.

   _____.

5. 이 바지는 나한테 좀 커요.

   _____.

6. 김 선생님은 저 아파트에 살아요.

   _____.

7. 강아지가 배가 고파요.

   _____.

Exercise 2. 은/는 것 같아요. **II**　　**It seems that**

Describe the pictures using –은/는 것 같아요.

빵　　　　　　민우　　　　　　제시　　　　　　선생님

피터　　　　　　앤　　　　　　케이트　　　　　　커피

예) 빵이 따뜻한 것 같아요.

1. _____

2. _____

3. _____

4. _____

5. _____

6. _____

7. _____

Exercise 3. Expressing possibility or ability (으)ㄹ 수 있다 I

Conjugate the verbs in parenthesis using (으)ㄹ 수 있다 forms

예) 저는 불고기랑 김치찌개를 <u>만들 수 있어요</u>.　　　　　(만들다)

1. 민지는 테니스 _____.　　　　　　　　　　(치다)

2. 지수는 짧은 치마를 _____.　　　　　　　(입다)

3. UW 에서는 한국어를 _____.　　　　　　(배우다)

4. 한국어로 편지를 _____.　　　　　　　　(쓰다)

5. 내년부터 한국에서 _____.　　　　　　　(살다)

6. 이 공원에서는 고기를 _____.　　　　　(굽다)

Exercise 4. Expressing possibility or ability (으)ㄹ 수 있다/ 없다 II

How Korean are you? Answer the following questions in Korean using (으)ㄹ 수 있다/ 없다.

1. Can you eat Kimchi?

   _____.

2. Can you drink Soju (Korean hard liquor)?

   _____.

3. Can you sing a Korean song?

   _____.

4. Can you take a bath in a public bath house (목욕탕)?

   _____.

5. Can you share your 반찬 with your friend?　　　*to share your 반찬 (반찬을 같이 먹다)

   _____.

6. Can you read a Korean newspaper?

_____.

7. Can you write a letter (편지) in Korean?

_____.

8. Can you sleep on the floor?

_____.

Exercise 5. -보다   **Comparative marker** *than*

Compare two of the following people as shown in example 1.

A   B   C   D   E

1. A 보다 B 가 키가 더 커요.   (A, B, tall)

2. _____.   (A, B, legs are long)

3. _____.   (A, C, fat)

4. _____.   (A, D, cute)

5. _____.   (A, E, stylish)

6. _____.   (B, C, short)

Exercise 6. –중에서 제일   *among, in .. the most*

Write a sentence as shown in the example.

예) 일주일, 좋다 → *일주일 중에서 금요일이 제일 좋아요.*

1. 음식, 맵다

_____.

2. 친구, 사교성이 좋다.

_____.

3. 우리 가족, 잘 생겼다

_____.

4. 배우 (actor), 인기가 많다.

_____.

5. 색, 싫다

_____.

6. 한국 음식, 맛있다.

_____.

7. 과일, 맛있다

_____.

8. 영화, 재미있다

_____.

Exercise 7. Review

Translate the following sentences into Korean.

1. I like smart, cute women better than pretty, stupid women.

   _____.

2. Jaime is taller than Jimi but Jimi's hair is longer than Jaime's.

   _____.

3. I can make kimchi but I cannot eat it.

   _____.

4. 민수 seems to know tons of people.

   _____.

5. I met the/our new roommate yesterday; she seems to be a good person.

   _____.

6. g.o.d. seems to be the most popular among Korean singers.   (singer: 가수)

   _____.

7. I can drink ten bottles of beer !

   _____.

Exercise 8. Animate direction marker 한테   *to*
Fill in the blanks with 한테 or 에.

어제는 내 친구 생일이었어요. 그래서 친구_____전화를 해서 같이 만났어요.

우리는 아주 좋은 식당_____ 가서 맛있는 한국 음식을 먹었어요. 나는

친구_____ 한국 노래 시디하고 한국 소설*책을 선물로 줬어요. 친구가 아주

좋아했어요. 저녁을 먹고 기숙사_____ 같이 와서 놀았어요. 친구가

집_____가고 나서 내 방을 청소했어요. 그리고 꽃*_____ 물도 줬어요.

자기 전에 뉴욕에 있는 오빠_____편지*를 썼어요. 바쁜 하루였어요.

* 소설 (novel)

* 꽃 (flower)

* 편지 (letter)

Exercise 9. Conjugation Review

	은데/는데	–은/는 것 같아요	(으)ㄹ 수 있다	–읍시다	–어/아도	–고 있다
하다						
있다						
보다						
차다						
입다						
끼다						
굽다						
부르다						
차갑다				▓		▓
살다						
길다				▓		▓
쓰다						
멋있다				▓		▓
심심하다				▓		▓
그렇다						▓
파랗다				▓		▓
예쁘다				▓		▓
재미없다				▓		▓

Comprehensive Exercises

Listening Exercises   듣기 연습

Exercise 1. Listening comprehension.

Circle ALL correct answers.

1. My sister

가) is tall   나) has small eyes   다) has long hair   라) has a big nose.

2. My sister's boyfriend

가) is tall   나) has small eyes   다) has long hair   라) has a big nose.

3. Who is good at 태권도?

가) My sister   나) My sister's boyfriend.

4. My sister does not like

가) red   나) green   다) blue   라) white

5. My sister's boyfriend does not like my sister's car because (Answer in English)

_____.

Exercise 2. Listening comprehension.

Circle ALL correct answers.

1. Paul

가) is tall   나) has long legs   다) has long hair   라) has big eyes

2. Paul likes

가) a hat   나) shoes   다) glasses   라) earrings

3. Paul usually wears

가) a ring   나) a necklace   다) earrings   라) a bracelet

4. On the weekend, Paul wears

가) dress shirts   나) sweaters   다) blue jeans   라) skirts

5. Paul does not wear

가) a belt   나) a watch   다) gloves   라) glasses

Exercise 3. Listening comprehension.

True/False

1. She has a boyfriend now.

1. She likes a man who is talkative.

3. She does not care about the her boyfriend's appearance much.

4. She does not like stubborn people.

Exercise 4. Listening comprehension.

Answer the questions.

T/F

1. Her father is shorter than her grandmother.

2. She looks like her mother.

3. Her mother and brother are good at sports.

4. She can speak Chinese and French.

5. She gets along well with my grandmother.

Answer the questions in English.

6. Describe her mother's personality.

7. Who is slim in her family?

Reading Exercises   읽기 연습

Exercise 1. Read the passage below and answer the following questions in ENGLISH.

> 이 사진은 우리 가족 사진이에요. 내 오른쪽에 우리 아버지가 있어요. 아버지는 키가 크고 잘 생겼어요. 사진에서 와이셔츠를 입고 안경을 쓰고 있어요. 아버지는 주말에 테니스 치거나 등산해요. 어머니는 내 왼쪽에 있어요. 어머니는 좀 뚱뚱하지만 얼굴이 예뻐요. 사진에서 귀걸이를 하고 드레스를 입고 있어요. 어머니 왼쪽에는 내 여동생이 있어요. 여동생은 나보다 키가 더 크고 눈도 더 커요. 그리고 머리가 아주 길어요. 여동생은 대학교 1 학년인데 졸업하면 한국에 가고 싶어해요. 아버지 옆에는 내 남동생이 있어요. 남동생은 티셔츠를 입고 모자를 쓰고 있어요, 남동생은 여동생보다 키가 작아요. 하지만 남동생은 키가 작아도 농구를 아주 잘 해요. 그리고 수영도 잘 할 수 있어요.

*졸업하다 : to graduate

1. What is my father wearing in the picture?

2. What does my father do on weekends?

3. Who is on my left side?

4. Where does my sister go after she graduates from college?

5. True/False

a. My mother is wearing a necklace and earrings in the picture.   (T/F)

b. My sister is taller than me and my brother   (T/F)

c. My brother is wearing a T-shirt and glasses   (T/F)

d. Because my brother is short, he cannot play basketball well   (T/F)

90

Exercise 2. Read the passage below and answer the following questions in ENGLISH

내 친구 중에서 나하고 제일 친한 친구는 제니에요. 제니는 사교성이 좋고 발이 넓어서 친구가 아주 많아요. 그리고 똑똑하지만 잘난 척 하지 않아요. 좀 말이 많고 터프하지만 나는 말이 적은 사람보다 말이 많은 사람을 좋아하니까 괜찮아요. 제니는 키가 나보다 작지만 나보다 더 날씬해요. 그리고 색깔 중에서 빨간 색을 제일 좋아해서 빨간 옷을 자주 입고 빨간 신발도 자주 신어요. 제니는 우산도 빨간색이에요! 그렇지만 치마는 싫어해서 거의 안 입어요. 제니는 심심하면 요리를 만들어요. 한국 요리는 잘 해서 김치도 만들 수 있어요! 제니는 정말 멋있는 사람이에요. 그렇지요?

1. Jenny is

가) my best friend   나) kind   다) a know-it-all   라) popular

2. Jenny has many friends because she

가) is talkative   나) is kind   다) is smart   라) has good social skills

3. Jenny is _____ than I am

가) taller   나) shorter   다) slimmer   라) fatter

4. Jenny often wears a skirt

가) True   나) False

5. Jenny's favorite color is

가) red   나) blue   다) white   라) black

6. Jenny cooks when she is

가) frustrated   나) in a good mood   다) in a bad mood   라) bored

Writing Exercises　　　　쓰기 연습

Exercise 1. My Family

Suppose that you are sending your family picture to your pen-pal. Describe each family member to your friend.

_____

_____

_____

_____

_____

_____

_____

_____

* picture: 사진

Exercise 2. 졸업하면 하고 싶어요!

Write at least 12 sentences to about what you want to do after you graduate from college.

_____

_____

_____

_____

_____

_____

_____

_____

Exercise 3. 할 수 있어요/ 할 수 없어요.

Write at least 12 sentences to about what you can do and can't do.

_____

_____

_____

_____

_____

_____

_____

_____

Scripts for Listening Exercises

Exercise 1.

우리 누나는 키가 아주 커요. 그래서 농구를 잘 해요. 우리 누나는 긴 머리를 싫어해서 머리가 항상 짧아요. 그리고 눈하고 입도 아주 커요. 그런데 누나의 남자 친구는 키가 작아요. 그리고 머리도 길어요. 눈도 작고 입도 작아요. 누나의 남자친구는 농구는 잘 못 하지만 태권도는 잘 해요. 누나는 빨간 색하고 초록색을 좋아하고 파란 색을 싫어해요. 그래서 빨간 색 옷을 자주 입어요. 그리고 누나 차는 초록 색이에요. 누나의 남자 친구는 하얀 색을 좋아하고 초록 색을 싫어해요. 그래서 누나 차를 싫어해요.

Exercise 2.

폴 씨는 미국 사람이에요. 키가 크고 다리가 아주 길어요. 머리는 아주 짧고 눈이 아주 커요. 하지만 코는 좀 낮아요. 폴 씨는 모자를 좋아해요. 그래서 매일 모자를 써요. 그리고 구두도 신어요. 보통 안경을 끼고 귀걸이도 하지만 반지는 안 껴요. 그리고 시계도 안 차요. 주말에는 주로 청바지하고 티셔츠를 입어요.

Exercise 3.

나는 지금 남자 친구가 없어요. 그렇지만 나는 이런 남자 친구를 만나고 싶어요. 내 남자 친구는 말이 많으면 안 돼요. 또 멍청하면 안 돼요. 제가 날씬하니까 남자 친구는 뚱뚱해도 돼요. 얼굴이 못 생겨도 착하고 똑똑하면 괜찮아요. 저는 터프하고 고집이 센 사람을 싫어하니까 내 남자 친구는 고집이 세면 안 돼요. 빨리 이런 남자 친구를 만나고 싶어요!

Exercise 4.

우리 가족은 할머니, 아버지, 어머니 나 그리고 남동생 그렇게 다섯 명이에요. 우리 할머니는 키가 작고 좀 뚱뚱해요. 아버지는 할머니보다 키가 크지만 몸은 뚱뚱해요. 그렇지만 어머니하고 남동생은 키가 크고 날씬해요. 나는 보통이에요. 어머니하고 남동생은 성격이 아주 비슷해요. 말이 많고 고집이 세요. 그리고 두 사람 다 운동을 아주 잘 해요. 아버지하고 나는 말이 적고 겸손해요. 아버지는 중국어하고 프랑스어를 할 수 있어요. 나는 프랑스어는 못 하지만 중국어는 할 수 있어요. 나는 우리 가족을 다 사랑하지만 우리 가족 중에서 할머니하고 제일 사이가 좋아요.

CHAPTER 5.5　　　ㅂ-IRREGULARS

Exercise 1. Opposite terms

Write the opposite of each word.

1. 쉬워요　　↔ _____.

2. 가벼워요.　↔ _____.

3. 깨끗해요　↔ _____.

4. 추워요　　↔ _____.

5. 멀어요　　↔ _____.

6. 밝아요　　↔ _____.

Exercise 2. ㅂ irregulars

Conjugate the following adjectives/verbs appropriately.

1. 여기에 _____세요.　　　　　　　　　(눕다)

2. 어제는 생선을 _____니까 오늘은 고기를 _____래요.　(굽다)

3. 우리 같이 저 할아버지를 _____시다!　　(돕다)

4. 좀 피곤해서 _____고 싶어요.　　　　(눕다)

5. 방이 좀 _____데 청소합시다.　　　　(더럽다)

6. 우리 엄마 얼굴은 아주 _____요.　　　　　(곱다)

7. _____날에는 친구하고 술을 마셔요.　　　　(괴롭다)

8. 저 상자는 _____지만 이 상자는 _____요.　(무겁다, 가볍다)

9. 제가 _____게요.　　　　　　　　　　　　(돕다)

10. 오늘은 좀 _____ 것 같아요.　　　　　　　(덥다)

11. _____서 엄마한테 전화했어요.　　　　　(외롭다)

12. 여기에 _____도 돼요?　　　　　　　　　(눕다)

97

Exercise 3.

Write an adjective that can be associated with the following words. Write in –어요/아요 forms.

1. 고양이, 아기, 강아지 _____

2. 물리학 (physics), 수학 (math) _____

3. 방학, 여행 (travel), 데이트 _____

4. 여름, 아프리카 _____

5. 엄마 얼굴 _____

6. 종이, 깃털 (feather) _____

7. 시험, 숙제, 아르바이트, 청소, 빨래 _____

8. 밤 _____

9. 커피, 차, 국 _____

CHAPTER 6 푹 쉬어야 돼요.

Lesson 21

Vocabulary Exercises   단어 연습

Exercise 1.   Label the pictures

Label the pictures with the names of the seasons.

1. _____

2. _____

3. _____

4. _____

Exercise 2.   Label the pictures

Identify the weather conditions in each picture.

1. _____   2. _____   3. _____

4. _____   5. _____   6. _____

7. _____   8. _____

Exercise 3. 이 계절에는 날씨가 어때요?

Using the following weather words, describe the weather of each season.

> 덥다, 춥다, 따뜻하다, 쌀쌀하다, 선선하다, 기온이 높다, 기온이 낮다, 비가 오다,
> 눈이 오다, 바람이 불다, 흐리다, 맑다, 해가 나다, 구름이 끼다

1. 봄에는 _____

   _____

2. 여름에는 _____

   _____

3. 가을에는 _____

   _____

4. 겨울에는 _____

   _____

Grammar Exercises   문법 연습

Exercise 1. —(으)ㄹ 거에요. I   **It's probably**

Change the adjectives and verbs in the parenthesis into the future tense form.

예) 사계절 식당에서 불고기를 <u>팔 거에요</u>.   (팔다)

1. 내일은 춥고 비가 많이 _____.   (오다)

2. 이번 여름은 아주 _____.   (덥다)

3. 다음 학기에는 최 선생님이 한국어를 _____.   (가르치다).

4. 내일은 비가 오지만 모레는 _____.   (맑다)

5. 내 생일 파티에는 내 동생이 노래를 _____.   (부르다)

6. 지금은 날씨가 좋지만 오후부터 바람이 많이 _____.   (불다)

7. 김 선생님은 내일도 까만 바지를 _____.   (입다)

8. 저 친구는 공부를 아주 열심히 하는 친구에요. 아마 한국어 시험 공부도 다

_____.   (하다)

9. 내 동생은 어젯 밤 늦게까지 친구하고 _____.   (놀다)

10. 엄마가 눈이 파라니까 아기도 눈이 _____.   (파랗다)

Exercise 2. Simple Future –(으)ㄹ 거에요. II

Fill in the blanks with appropriate verbs or adjectives as shown in the example.

예) 시애틀 사람들은 아마(maybe) 비를 싫어할 거에요.

1. 커피를 많이 마시면 _____.

2. 시험 공부를 많이 하면_____.

3. 한국어를 공부하면 _____.

4. 한국은 겨울에 추워서 _____.

5. 이 빨간 스웨터를 입으면 _____.

6. 매운 음식을 좋아하면 아마 _____.

7. 사교성이 좋으면 _____.

8. 고집이 세고 잘난척 많이 하면 _____.

Exercise 3. ㄷ-irregular verbs I

Fill in the blanks.

ㄷ-irregulars	어/아 요	-(으)ㄹ래요	-지요	-은/는 것 같다
묻다				
듣다				
걷다				
싣다				

Exercise 4. ㄷ-irregular verbs II

Fill in the blanks with appropriate verbs from the box.

1. 오늘 밤에는 이 음악*을 _____거에요.   *음악 (music)

2. 우리 매일 그린 레이크에서 _____읍시다!

3. 이 가방 좀 차에 _____어 주세요.

4. 이 친구는 음악을 _____고 나는 TV 를 볼 거에요.

5. 제니씨는 이번 학기에 한국어 수업을 ____지요?

6. 어제 한국어 테이프 _____어요?

7. 짐*이 너무 많으면 다 못 _____을 거에요.   *짐 (luggage)

8. 제니씨, 지금 음악 _____어도 돼요?

9. 비가 안 오는 날은 _____지만 비가 오면 안 걸어요.

들다, 걷다, 묻다, 싣다

Exercise 5. -(으)ㄹ 거에요 vs. –(으)ㄹ게요.

Fill in the blanks with the verbs or adjectives in -(으)ㄹ거에요 or –(으)ㄹ게요 forms.

예) A: 방 청소 좀 하세요.

   B: 오늘은 너무 피곤해요. 내일 <u>할 게요.</u>   (하다)

1. A: 내일 어디 갈 거에요?

   B: 내일 비가 오면 아마 집에 _____.   (있다)

2. A: 수민아, 청소 해!

   B: 엄마, 오늘은 바쁘니까 내일 _____.   (청소하다)

3. 내 동생은 오늘 아홉 시에 집에 _____.   (오다)

4. 내일 날씨가 맑으면 엄마하고 같이 그린레이크에서 _____ (걷다)

5. A: 누가 책 읽을래요?

   B: 제가 _____.   (읽다)

6. 내일 시험이 있어서 오늘 그 친구는 아주 _____. (바쁘다)

7. 오늘은 날씨가 따뜻해서 스웨터를 입으면 _____. (덥다)

8. A: 핏자 다 안 먹어도 돼요?

   B: 그럼요, 다 못 먹으면 제가 _____.   (먹다)

Exercise 6. –어/아서 그래요   *it's (so) because*

Make up a response using –어/아서 그래요.

예) A: 김치가 왜 이렇게 매워요?   B: 고춧가루가 많이 <u>들어가서 그래요.</u>

1. A: 요즘* 왜 그렇게 바빠요?   B: _____
   *요즘 (nowdays)

2. 눈이 많이 오네요!   B: _____

3. A: 집에서 불고기 냄새가 나네요!   B: _____

4. A: 주말에 왜 집에 가요?   B: _____

Exercise 7. Auxiliary verbs –어 주세요 I

Make a requests using –어 주세요 form and the word given.

예) 예쁜 옷/ 사다   예쁜 옷을 사 주세요.

1. 한국어/ 가르치다   _____

2. 맛있는 음식/ 만들다   _____

3. 이 책/ 읽다   _____

4. 어머니/ 돕다   _____

5. 이 모자/ 쓰다   _____

6. 노래/ 부르다   _____

7. 이 가방/ 신다   _____

8. 내일 우리집/ 오다   _____

Exercise 8. Auxiliary verbs –어 주세요 II

Make three requests of the following persons.

1. 어머니/아버지한테

_____ .

_____ .

_____

2. 한국어 선생님한테

_____

_____.

_____.

3. (your future) 남편/아내 (husband/wife)한테

_____.

_____.

4. 총장님한테 (President of my school)

_____.

_____.

5. 한국어 수업 친구들한테

_____.

_____.

_____.

Exercise 9. Auxiliary verbs –어 보세요 I

Make a recommendation using –어 보세요 form and the word given

예) 김치/ 먹다   김치 한 번 먹어 보세요.

1. 생강차 /마시다 _____

2. 학교 기숙사/ 살다 _____

3. 한국 노래/ 부르다 _____

4. 한국어/ 공부하다 _____

5. 이 모자/ 쓰다　　_____

6. 이 드레스/ 입다　　_____

7. 스키/ 타다　　_____

8. 냉면/ 시키다　　_____

9. 이 음악/ 듣다　　_____

Exercise 10. Auxiliary verbs -어 보세요 II

Fill in the blanks with appropriate recommendations.

예) 맛있는 한국 음식을 먹고 싶으면 <u>옛골 식당에 가 보세요</u>.

1. 한국어를 잘 하고 싶으면 _____.

2. 맛있는 햄버거를 먹고 싶으면_____.

3. 돈을 벌고* 싶으면 _____.　　*돈을 벌다 (make money)

4. 심심하면 _____.

5. 기분이 나쁘면 _____.

6. 추우면 _____.

7. 더우면 _____.

Exercise 11. Auxiliary verbs -어 봤어요.

Make a true sentence about yourself using the words given as shown in the example.

예)   불고기 먹다

       불고기 먹어 봤어요. OR 불고기 아직 안 먹어 봤어요.

1. 스키 타다

_____.

2. 한국음악* 듣다.   * 음악 (music)

_____.

3. 여자/남자 친구하고 싸우다

_____.

4. 한국 음식을 만들다

_____.

5. 스페이스 니들에 가다

_____.

6. 한국 사람하고 한국어로 얘기하다

_____.

7. 소주*를 마시다   * 소주 (Korean liquor)

_____.

Lesson 22

Vocabulary Exercises   단어 연습

Exercise 1. Labeling

Label the following emotions (as predicates).

1. _____

2. _____

3. _____

4. _____

5. _____

6. _____

7. _____

8. _____

9. _____

10. _____

11. _____

12. _____

13. _____   14. _____   15. _____

Exercise 2.

Fill in the blanks with words from the box. Use each word once.

1. 여자친구 생일인데 몰랐어요. 그래서 여자친구가 _____.

2. 이번 학기는 시험하고 숙제가 너무 많아서 _____.

3. 한국어 시험을 잘 봐서 _____.

4. 로미오와 줄리엣 영화는 아주 _____.

5. 오후 수업은 항상 _____요.

6. 내 생일날에는 친구들이 서프라이즈 파티를 해 줘서 아주 _____지만

기분은 좋았어요.

7. A: 내일 시험이에요. 공부를 별로 안 해서 _____.

   B: _____지 마세요. 나하고 같이 공부해요.

8. 아… _____. 뭐 재미있는 일 없어요?

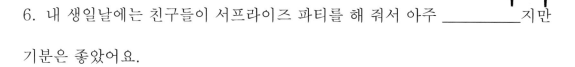

심심하다. 놀라다, 기분이 좋다/기쁘다, 슬프다

졸리다, 화가 나다, 걱정이 되다, 걱정을 하다, 스트레스를 받다.

9.   A: 무슨 일 있어요?

      B: 한국어 시험에서 D 를 받아서 _____.

10.   내일 여자친구하고 데이트가 있어요. 정말 _____요!

11.   A: 왜 샤워 안 해요?

      B: _____. 내일 할래요.

12.   룸메이트가 청소도 안 하고 매일 우리 방에서 파티를 해요. 룸메이트 때문에

      정말 _____.

13.   아니, 또 팝 퀴즈를 봐요? 정말 _____네요!

14.   한국어를 잘 하고 싶은데 말을 잘 못 해서 _____.

15.   내 친구가 시험에서 컨닝*을 했어요! 친구한테 정말 _____.
      * 컨닝 (cheating)

16.   A: 이제 비가 안 오네요.

      B: 네, 우산이 없는데 정말 _____.

짜증나다, 기분이 나쁘다, 다행이다, 귀찮다,

실망하다. 답답하다, 신나다, 기가 막히다.

Exercise 3.

Fill in the blanks.

1. 하루 _____ 사흘 _____ _____

2. 엿새 _____ 여드레 _____ 열흘

3. 일주일에 _____ 학교에 가요.

4. 추수감사절에는 _____ 동안 쉬어요.

Grammar Exercises   문법 연습

Exercise 1. Change of state 어/아 지다 I

Fill in the blanks with the appropriate expressions as shown in the example. Use the -어/아 지다 forms.

예) 사과를 많이 먹으면 <u>예뻐져요.</u>

1. 여름이 되면 _____.

2. 슬픈 영화를 보면 _____.

3. 봄이 되면 _____.

4. 기말* 시험 기간*이 되면 _____. *기말 (final)/ *기간 (period)

5. 밥을 많이 먹고 운동을 안 하면 _____.

6. 매일 매일 한시간 동안 걸으면 _____.

7. 친구하고 싸우면 _____.

8. 지금은 기분이 나쁘지만 조금 있으면 기분이 _____.

9. 바나나가 지금은 파랗지만 며칠 있으면 _____.

Exercise 2. Change of state 어/아 지다 II

Answer the questions.

1. 언제 기분이 좋아져요?

_____.

2. 언제 기분이 나빠져요?

_____.

3. 서울*은 몇 월에 날씨가 추워져요?   * 서울 (Seoul)

_____.

4. 서울은 몇 월에 날씨가 따뜻해져요?

_____.

5. 언제 외로워져요?

_____.

6. 언제 슬퍼져요?

_____.

7. 어떻게 하면 날씬해져요?

_____.

8. 어떻게 하면 예뻐져요?

_____.

Exercise 3. –어 보이다 I   looks ADJECTIVE

What do they look like? Describe the person using –어 보이다.

1. _____   2. _____

3. _____   4. _____

5. _____   4. _____

Exercise 4. ADJ-어 보이다 II   looks ADJECTIVE

How do the following people look? Describe each person as shown in the example.

예)   제인은 좀 피곤해 보여요.

제인

1.    2.    3.    4.

제임스   샌디   룸메이트   민수

5.    6. 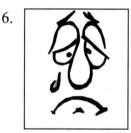   7.    8.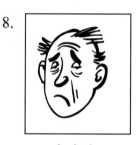

메리   동생   선생님   아버지

1. _____.

2. _____.

3. _____.

4. _____.

5. _____.

6. _____.

7. _____.

8. _____.

Exercise 5. Noun 때문에   because of, due to

Answer the questions as shown in the example.

예)   Q: 왜 스타벅스에 커피 마시러 가요?

A: 맛있는 커피때문에 가요.

1. 왜 케익을 많이 먹으면 뚱뚱해져요?

_____.

2. 김치는 왜 매워요?

_____.

3. 시애틀 사람들은 왜 겨울을 싫어해요?

_____.

4. 요즘* 왜 그렇게 바빠요?   *요즘 (nowadays)

_____.

5. 왜 오늘 스키장에 갈 수 없어요?

_____.

6. 오늘 기분이 나빠 보여요. 왜 그래요?

_____.

7. 좀 피곤해 보이는데 왜 그래요?

_____.

Exercise 6. TIME expression + 전에

Write your answer as shown in the example.

예) 아침 식사

아침 식사 전에 보통 세수해요.

1. 결혼 (marriage)

_____

2. 한국어 수업

_____

3. 저녁 식사

_____.

4. 여행 (travel)

_____

5.   데이트

_____.

6. 큰 시험

_____.

Exercise 7. Animate direction marker 한테서 (에게서) I   from

Fill in the blanks with 한테, 한테서.

어제는 내 생일이었어요. 그래서 선물을 많이 받았어요.

부모님_____는 옷을 받고 여자 친구_____는 꽃하고 책들을

받았어요. 또 생일이라서 뉴욕 친구_____전화가 왔어요. 저는 오늘 선물을 준

친구들_____Thank you 카드를 쓰고 있어요. 내일 친구들_____카드를

보낼 수 있을 거에요.

Exercise 8. Animate direction marker 한테서 (에게서) **II**   from

Answer the questions as shown in the example.

예)   Q: 발렌타인 데이에 여자/남자 친구<u>한테</u> 뭐 주고 싶어요?

         A: 발렌타인데이에 여자/남자 친구<u>한테</u> 꽃을 주고 싶어요.

1. 지난 크리스마스에 누구한테서 선물을 받았어요? 뭘 받았어요?

    _____.

2. 지난 크리스마스에 누구한테 선물을 줬어요? 뭘 줬어요?

    _____.

3. 발렌타인 데이에 누구한테서 뭐를 받고 싶어요?

    _____.

3. 어머니날에 어머니한테 선물 줬어요? 뭐 줬어요?

    _____.

5. 생일날 누구한테서 무슨 선물을 받고 싶어요?

    _____.

Exercise 9. Verb – 거나   *or*

Conjugate the verbs in the parenthesis using –거나.

예) 보통 금요일 밤에 영화를 <u>보거나</u> 친구들하고 같이 술을 마셔요.   (보다)

1. 시애틀은 겨울에 보통 _____ 비가 와요.   (흐리다)

2. 저녁에는 운동을_____ 산책을 해요.   (하다)

3. 방학 때는 집에_____ 여행을 가요.   (놀다)
    *여행 가다 (go on a trip)

4. 저는 우울하면 음악*을 크게_____ 기타를 쳐요   (듣다)
    *음악 (music)

Lesson 23

Vocabulary Exercises   단어 연습

Exercise 1. Labeling

Label the pictures

1.

_____

2.

_____

3.

_____한테 _____을_____

4.

_____

5.

_____

6.

_____

7.

_____

8.

_____

9.

_____

10.

_____

11.

_____

12.

_____

Exercise 2. Symptoms

What are the main symptoms for the following conditions?

1. 감기에 걸리다

_____

_____

_____

2. 앨러지가 있다

_____

_____

_____

3. 몸살에 걸리다

_____

_____

_____

Exercise 3.

Complete the table.

감기에	걸리다	목이	붓다
머리가		팔을	
앨러지가		배가	
손가락이		이가	
열이		콧물이	
기침이		병원에	

Grammar Exercises   문법 연습

Exercise 1. Obligation & Strong Suggestion 어/아야 돼요 I

Conjugate the verbs as shown in the example.

예) 내일 파티가 있어요. 그래서 오늘 청소를 <u>해야 돼요</u>.   (하다)

1. 이 숙제는 내일까지 _____.   (내다)

2. 방 안이 너무 더워요. 창문을 _____.   (열다)

3. 내일 어머니 생일이에요. 카드를 _____.   (쓰다)

4 한국 음식은 숟가락하고 젓가락으로 _____.   (먹다)

5. 내일은 주말이라서 어머니를 _____.   (돕다)

6. 건강해지고* 싶으세요? 그러면 매일 2 마일을 _____. (걷다)
* 건강하다 (be healthy)

7. 감기에 걸렸으면 집에서 푹 _____.   (쉬다)

8 내 동생은 샐러드를 만들고 나는 갈비를 _____.   (굽다)

9. 목이 아프면 생강차를 _____.   (마시다)

10. 엄마 생일 파티에는 노래를_____.   (부르다)

Exercise 2. Obligation & Strong Suggestion 어/아야 돼요 II

Your roommate is asking what he has to do. Write a sentence as shown in the example.

예) 내일 시험이 있어요.   →   그러면 도서관에서 공부해야 돼요.

1. 여자친구/남자친구를 사귀고 싶어요.

그러면 _____.

2. 한국말을 잘 하고 싶어요.

그러면 _____.

3. 감기에 걸렸어요. 빨리 낫고 싶어요.

그러면 _____.

4. 앨러지가 있어요.

그러면 _____

5. 맛있는 김치가 먹고 싶어요.

그러면 _____.

6. 날씬해져서 여름에 예쁜 수영복*을 입고 싶어요.   * 수영복 (swimming suit)

그러면 _____.

7. 목이 부어서 말을 잘 못해요.

그러면 _____.

8. 건강해지고 싶어요.   * 건강하다 (be healthy)

그러면 _____.

Exercise 3. action verb + 아/어 있다

Describe the following pictures <u>using –고 있다 or 어/아 있다.</u>

예)  민수씨는
전화하고 있어요

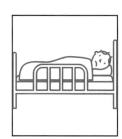 친구가 침대*에 누워
있어요.
*침대 (bed)

1. 바람   2. 샌디   3. 아기   4.민수가 모자를

5. 메리의 얼굴   6. 약사   7. 타미   8. 아버지

1. _____.

2. _____.

3. _____.

4. _____.

5. _____.

6. _____.

7. _____.

8. _____.

Exercise 4. Gerund marker –기 I.

Change the following verbs into –기 forms as shown in the example.

예) 한국어는 <u>듣기</u>가 어려워요.   (듣다)

1. 나는 _____를 아주 좋아해서 매일 걸어요.   (걷다)

2. 시애틀에 _____ 전에는 포틀랜드에 살았어요.   (살다)

3. 한국어로 편지를 _____가 어려워요.   (쓰다)

4. 아침에 _____가 너무 힘들어요.   (일어나기)

5. 학교에 _____ 전에 보통 아침을 먹어요.   (오다)

6. 저 친구를 _____ 전에 저를 먼저 도와 주세요!   (돕다)

7. 내 동생은 노래 _____를 아주 좋아해요!   (부르다)

Exercise 5. Gerund marker –기 II.

뭐 하기를 싫어해요? 뭐 하기를 좋아해요?
Write five things you like to do and five things you hate to do.

 좋아하는 일   싫어하는 일

예) 주말에 영화 보기   예) 아침에 일찍 일어나기

_____   _____

_____   _____

_____   _____

_____   _____

_____   _____

Exercise 6. Gerund marker –기 III.

Describe 진수's daily routine using -기 전에.

진수의 하루

진수는 신문 보기 전에 일어나요.

_____

_____

_____

_____

_____

_____

Exercise 7. Gerund marker –기 IV.

Answer the questions using -기 때문에 as shown in the example.

예)   Q: 왜 스타벅스에 커피 마시러 가요?
         A: 커피가 맛있기 때문에 가요.

1. 김치는 왜 매워요?

_____

2. 시애틀 사람들은 왜 겨울을 싫어해요?

_____

3. 요즘 왜 그렇게 바빠요?

_____

4. 왜 오늘 수업에 늦었어요?

_____

5. 오늘 기분이 나빠 보여요. 왜 그래요?

_____

6. 좀 피곤해 보이는데 왜 그래요?

_____

7. 오늘 왜 밖에서 운동을 안 해요?

_____

Exercise 8. ㅅ-irregular verbs

Fill in the blanks with appropriate verbs in the box.

1. 이 약은 저 약사한테 _____야 돼요.

2. 얼굴이 더 _____면 병원에 가세요.

3. 이 약을 먹으면 빨리 _____을 거에요.

4. 나는 밥을 ____고 룸메이트는 요리를 해요.

5. 약 _____기는 약사가 해요.

6. 여기에는 집을 _____지 마세요.

7. 이가 아파서 얼굴이 많이 _____요.

짓다, 붓다, 낫다

Exercise 9.   Review

Translation

1. I like to clean house but hate to wash my car.

_____

2. You have to see a doctor if you (have) caught a cold!

_____

3. I usually wash my face before I brush my teeth.

_____

4. Cooking rice is more difficult than baking bread.

_____

5. My brother had a body-ache so he is in bed now.

_____

Lesson 24

Vocabulary Exercises   단어 연습

Exercise 1. Opposite words

Label each sentence with appropriate expressions from the box.

1. _____ 2. _____ 3. _____ 4. _____

멀다. 가깝다. 싸다. 비싸다

Exercise 2. Transportation

Identify these vehicles.

1. _____ 2. _____ 3. _____ 4. _____

5. _____ 6. _____ 7. _____ 8. _____

Exercise 3.

Answer the questions.

1. 시애틀에서 밴쿠버까지 가는 기차가 있어요?

_____

2. 어디에서 싼 비행기 표를 살 수 있어요?

_____

3. 강이나 호수에서 뭐를 탈 수 있어요?

_____

4. 미국에서 어느 도시*에 지하철이 있어요?   * 도시 (city)

_____

5. 택시가 싸요? 버스가 싸요?

_____

6. 비행기가 빨라요? 차가 빨라요?

_____

7. 방학 때 어느 나라를 여행하고 싶어요?

_____

8. 하늘에 뭐가 있어요?

_____

9. 여행을 갈 때* 뭐가 필요해요?   *여행을 갈 때 (when you go on a trip)

_____

Exercise 4.

Complete the sentences using new vocabulary from the box.

예) Mt. Rainier 는 <u>산</u>이에요.

1. The Mississippi 는 _____ 에요/이에요

2. The Red Sea 는 _____ 에요/이에요.

3. Manhattan 은 _____ 에요/이에요.

4. 여름에 더우면 _____ 에 가서 쉬어요.

5. 한국에는 백두_____ 이 제일 높아요.

6. Lake 워싱톤은 _____ 에요.

7. _____ 에 하얀 구름이 있어요.

8. 낮에는 _____ 가 뜨고 밤에는 _____ 하고 _____ 이 떠요.

* 뜨다 (to rise)

9. 이 바다에는 _____ 가 많이 살아요.

10. 나는 _____ 중에서 Canary 를 제일 좋아해요.

11. 산에 _____ 가 많아요

새, 호수, 산, 나무, 바다, 바닷가, 강, 섬, 별, 달, 해, 하늘, 나무, 새, 물고기

Grammar Exercises   문법 연습

Exercise 1. Pondering; suggestion, asking for advice (으)ㄹ까요? I

Rewrite the sentences using -(으)ㄹ까요?

예) 이번 휴가에는 바다에 같이 가요.

　　→ 이번 휴가에는 바다에 갈까요?

1. 비가 오는데 우산을 같이 써요.

_____ .

2. 우리 공원에서 놀아요.

_____ .

3. 이번 주말에는 어머니를 같이 도와요.

_____ .

4. 저녁 먹어야 되는데 같이 밥 지어요.

_____ .

5. 돈이 없는데 집에 가서 밥 먹어요.

_____ .

6. 피곤한데 주말에 집에서 쉬어요.

_____

7. 우리 비틀즈 음악* 들어요.   * 음악 (music)

_____

8. 오늘 밤에 노래방에 가서 노래 불러요.

_____

Exercise 2. Pondering; suggestion, asking for advice (으)ㄹ까요? II

Rewrite the questions using -(으)ㄹ까요 and answer each question.

예) 이번 겨울에 추워요?

→ Q: 이번 겨울에 추울까요?   A 네, 추울 거에요.

1. 내일 날씨는 어때요?

Q:_____   A:_____.

2. 어젯밤 선생님이 뭐 했어요?

Q:_____   A:_____.

3. 이번 학기에 한국어 기말 시험 (final exam)이 어려워요?

Q:_____   A:_____.

4. 어떻게 하면 한국어를 잘 할 수 있어요?

Q: _____

A:_____

5. 냉면이 맛있어요? 아니면 비빔밥이 맛있어요?

Q: _____

A:_____

6. 비행기표를 언제 사면 싸요?

Q:_____   A:_____.

7. 누구네* 집이 학교에서 제일 가까워요?   *누구네 (whose)

Q:_____   A:_____.

8. 음... 김치가 맛있네요. 누가 만들었어요?

Q:_____   A:_____.

9. 제임스씨는 지금 어디에 살아요?

Q:_____   A:_____.

Exercise 3. Pondering; suggestion, asking for advice (으)ㄹ까요? III

Fill in the blanks with the appropriate verbs from the box.

영미: 진수씨, 이번 여름방학 때 어디에 놀러 _____?

진수: 음...나는 수영하기를 좋아해서 바다에 가고 싶어요.

영미: 그래요? 좋아요. 어디가 _____?

진수: 하와이가 _____? 서핑도 하고 수영도 할 수 있어요.

영미: 하와이는 좀 덥지 않을까요?

진수: 6월에는 괜찮을 거에요. 내가 비행기 표를 _____?

영미: 좋아요. 참, 오늘 저녁에 우리 집에 와서 같이 저녁 먹을래요?

진수: 네, 그럴게요. 고마워요.

영미: 카레라이스를 _____? 김치찌개를 _____? 뭐가 더 좋아요?

진수: 나는 매운 건 잘 못 먹어요. 카레라이스를 만들어 주세요.

영미: 알았어요.

가다, 만들다, 좋다, 어떻다, 알아 보다 (look for)

Exercise 4. - (으)ㄹ Noun   a NOUN to VERB

Fill in the blanks with appropriate –(으)ㄹ forms.

1. 읽을 신문
   (읽다)

2. _____커피
   (마시다)

3. _____ 음악
   (듣다)

4. _____친구
   (놀다)

5. _____바다
   (수영하다)

6. _____ 시간
   (낫다)

7. _____ 빵
   (먹다)

8. _____사람
   (노래 부르다)

9. _____ 사람
   (돕다)

Exercise 5. –(으)ㄹ 때   *when* I

Change the following expressions as shown in the example.

1. 책을 사다   2. 밥을 먹다   3. 친구하고 놀다   4. 공부하다

책을 살 때   _____   _____   _____

5. 음악을 듣다   6. 약을 짓다   7. 편지 쓰다   8. 버스를 타다

_____   _____   _____   _____

Exercise 6. –(으)ㄹ 때   *when* **II**

Answer the questions.

예) Q: 어떨 때* 지하철을 타고 학교에 가요?   * 어떨 때 (on what occasion)

　 A: 눈이 올 때 지하철을 타고 가요.

1. 어떨 때 밤 두시까지 공부해요?

_____

2. 어떨 때 여권을 만들어요?

_____

3. 어떨 때 술을 많이 마셔요?

_____

4. 어떨 때 어머니한테 전화해요?

_____

5. 어떨 때 크레디트 카드를 써요?

_____

6. 어떨 때 우울해져요?

_____

7. 어떨 때 꽃*을 사요?   * 꽃 (flowers)

_____

Exercise 7.   dependent noun 데   place

Label the following pictures as shown in the example.

예)

커피 마시다 → Q: 여기 커피 마실 데가 어디 있어요?

A: 학교앞 스타 벅스에 가 보세요.

1. 책을 사다   2. 밥을 먹다   3. 친구하고 놀다   4. 공부하다

6. 약이 있다   7. 약을 짓다   8. 편지 쓰다   9. 가족하고 걷다

1. Q:_____   A:_____

2. Q:_____   A:_____

3. Q:_____   A:_____

4. Q:_____   A:_____

5. Q:_____   A:_____

6. Q:_____   A:_____

7. Q:_____   A:_____

8. Q:_____   A:_____

Exercise 8.   –지 않다   **negation**

Change the following sentences as shown in the example.

예) A: 여름에 하와이에 가요.

  B: 하와이는 여름에 너무 <u>덥지 않을까요</u>?   (덥다)

1. A: 내일은 짧은 치마를 입을 거에요.

  B: 너무 _____?   (춥다)

2. A: 이 시계를 사고 싶어요.

  B: 너무 _____?   (비싸다)

3. A: 커피에 설탕을 넣지 마세요.

  B: 너무 _____?   (쓰다)

4. A: 불고기하고 갈비하고 냉면하고 오징어 볶음 시킵시다.

  B: 그 음식을 다 먹으면 너무 배가 _____?   (부르다)

5. A: 우리 *옛골* 식당에 가서 외식해요.

  B: 너무 _____?   (멀다)

Exercise 9.   –어 보다 **constructions**

9-1. Translate the following sentences into English.

1. 여행사에 전화해서 비행기 표를 알아 볼까요?

_____

2. 집 안을 다 찾아 봤는데 내 책이 없어요.

_____

3. 어머! 선생님. 머리가 짧아서 못 알아 봤어요!

_____

9-2. Write a sentence using the following expressions.

1. 알아 보다

_____

2. 찾아 보다

_____

Exercise 10.   Review

Translation.

1. Shall we travel together this summer vacation?

_____

2. Even though I did not sleep much last night, I am not tired.

_____

3. There are many coffee shops to drink coffee in in front of our school.

_____

4. I like times when I walk with my dog most.

_____

5. I could not recognize my brother because he wore a big hat.

_____

Exercise 11. Conjugation Review

	Meaning	(으)ㄹ 때	-어/아 보여요	-기 때문에	-어/아 보세요
가다					
오다					
알다					
하다					
먹다					
마시다					
흐리다					
맑다					
덥다					
외롭다					
졸리다					
피곤하다					
부르다					
불다					
쓰다					
기쁘다					
재미있다					
재미없다					
걷다					
듣다					
짓다					
붓다					
낫다					

Comprehensive Exercises

Listening Exercises   듣기 연습

Exercise 1. Circle all the correct answers.

1. Today, it's

가) sunny   나) warm   다) rainy   라) windy

2. 경수 will probably play tennis.

가) Yes   나) No

3. Who listened to the weather forecast?

가) 미나   나) 경수

4. Tomorrow, it will be

가) sunny   나) warm   다) rainy   라) windy

Exercise 2. Complete the sentences in English.

1. Winter in Seattle is very gloomy because of _____.

2. If I stay home for a long time, _____.

3. If I drink too much coffee, _____.

4. I am _____ because it does not snow much in Seattle.

5. When was the last time it snowed in Seattle? _____.

Exercise 3. Circle all the correct answers.

1. Tom called

가) his teacher   나) his doctor   다) his mother   라) his boss

2. Tom didn't come to the class because

가) he caught a cold   나) he caught the flu
다) he hurt his leg   라) he had a headache

3. Tom has

가) a body ache   나) a runny nose   다) a fever   라) a sore throat

4. What are some recommendations for Tom?

가 see a doctor   나) don't come to school tomorrow
다) take medicine   라) get a shot

5. Tomorrow, Tom will

가) go to the doctor   나) do homework
다) take a listening test in class   라) see his teacher during office hours

Exercise 4. Answer the following questions.

1. The summer vacation is
가). long   나) short

2. Where did this person go last summer? _____

3. Where is this person planning to go?

_____

4. The place she wants to go has: (Circle all the answers)
가) lots of trees   나) lots of camping sites 다) a beautiful lake   라) a beautiful river.

5. How will she go to that place?
가) by bus   나) by airplane   다) by car   라) by ship.

Reading Exercises   읽기 연습

Exercise 1. Read the following dialogue and answer in *English*.

경수: 날씨가 어때요?

승경: 흐리고 구름이 많이 꼈어요.

경수: 비도 오고 있어요?

승경: 아니오. 지금은 안 오지만 일기예보를 봤는데 오늘 밤부터 많이 올 거에요.

경수: 그래요? 내일 테니스 치고 싶었는데

승경: 비가 오면 테니스를 못 쳐요?

경수: 네, 바람 불고 추워서 비가 오면 테니스를 안 칠 거에요.

승경: IMA 체육관 안에 테니스 코트가 있어요. 한 번 가 보세요.

경수: 그래요? IMA 는 몇 시부터 열어요?

승경: 글쎄요 (Well..) 내가 전화번호를 아는데 전화 해 보세요.

경수: 고마워요. 전화 번호 좀 가르쳐 주세요.

---

1. 지금 날씨가 어때요?

2. 언제부터 비가 올 거에요?

3. Is 승경 going to play tennis tomorrow ?

4. What was the recommendation of 경수 for 승경?

5. Which phone number is 승경 asking for?

Exercise 2. Read the passage and answer the questions in *English*.

이번 학기는 아주 바빠요. 수업을 네 과목이나 듣는데 시험도 많고 숙제도 많아서

스트레스를 많이 받아요. 그리고 매일 저녁에는 아르바이트도 해요. 나는

기숙사에 사는데 룸메이트가 밤에 음악*을 크게 듣고 열 두시까지 텔레비전을

봐요. 그리고 룸메이트는 청소하는 것*을 귀찮아 해서 청소를 안 해요. 그래서

룸메이트 때문데 아주 짜증이 나요. 보통 열두 시 전에 자는데 가끔 큰 시험이

있으면 두세 시까지 잠을 못 자요. 잠을 잘 못 자면 다음날* 아주 졸리고

피곤해져요.

빨리 이번 학기가 끝났으면 좋겠어요.

*음악 (music)
*청소하는 것(cleaning)
*다음날 (the next day)

1. Why is he so busy this quarter?

2. Why is he annoyed by his roommate?

3. When does he usually go to bed?

4. How does he feel if he does not sleep well?

Exercise 3. Read the passage and answer the questions in *English*.

요즘은 시애틀에 몸살이 유행이라서* 학생들이 몸살에 많이 걸렸어요. 한국어 반 학생들도 다섯 명이나 이 몸살에 걸렸어요. 이 몸살에 걸리면 머리가 아프고 몸도 많이 아파요. 그리고 목이 부어서 말을 못 해요. 또 열도 많이 나요. 이 몸살에 걸리면 학교에 가지 말고 집에서 며칠 쉬어야 돼요. 그리고 닭고기 국이나 콩나물 국을 많이 마셔야 돼요. 병원에 가서 진찰을 받고 약사한테 약을 지어야 돼요. 공부나 일을 하지 말고 쉬면 며칠 후*에 나을 거에요.

*유행이다 (be epidemic; be popular)

*후(after)

1. 무슨 병이 유행입니까?

2. How many students are sick in the Korean class?

3. What are the symptoms of this disease?

4. What recommendations were provided by the author?

Writing Exercises   쓰기 연습

Exercise 1. 날씨

Describe the weather in the town where you live.

_____

_____

_____

_____

_____

_____

_____

_____

Exercise 2. 한국말을 잘 하고 싶어요!

Your friend wants to improve her Korean. Write how she can improve her Korean language proficiency. Include –어/아 보세요, -어/아야 돼요, and -(으)ㄹ 거에요.

_____

_____

_____

_____

_____

_____

_____

_____

Exercise 3. 아프면 어떻게 해요?

What do you do when you are sick? Does your mother cook chicken soup for you? Describe symptoms and remedies.

_____

_____

_____

_____

_____

_____

_____

_____

Exercise 4. 나의 여름 방학

Where would you like to go in your vacation? Why do you want to go that place? Write a plan for the vacation!

_____

_____

_____

_____

_____

_____

_____

_____

_____

Scripts for Listening Exercises

Exercise 1

미나: 경수씨. 어디 가요?

경수: 친구하고 테니스 치러 가요.

미나: 어디에서 칠 거에요?

경수: 공원에서 칠 거에요.

미나: 오늘은 밖에서 테니스 못 칠 거에요.

경수: 왜요? 지금 비가 와요?

미나: 비는 안 오지만 바람이 아주 많이 불고 추워요.

       체육관 안에 테니스코트가 있으니까 거기에 가 보세요.

경수: 그래요? 알았어요. 참, 미나씨 내일 일기예보는 들었어요?

미나: 네, 들었어요. 내일은 날씨가 맑고 따뜻할 거에요.

경수: 아, 그래요? 고마워요.

Exercise 2

시애틀의 겨울은 비 때문에 아주 우울해요. 비가 너무 많이 와서 밖에 못 나가요.
오랫 동안 집에만 있으면 기분이 아주 나빠져요. 그래서 커피를 아주 많이 마셔요.
커피를 너무 많이 마시면 잠을 못 자요. 그래서 피곤하고 짜증이 나요.

나는 눈을 좋아해요. 그렇지만 시애틀은 겨울에 별로 안 추워서 눈이 별로 안 와요.
그래서 슬퍼요. 3년 전에 눈이 아주 많이 와서 좋았어요. 친구들하고 파티도 하고
눈사람도 만들었어요. 아주 신났어요! 이번 겨울에도 눈을 보고 싶어요!

Exercise 3

탐:	여보세요. 김 선생님, 저 탐이에요. 안녕하세요?
선생님:	아, 탐 씨. 오늘 수업에 왜 안왔어요?
탐:	죄송합니다. 감기에 걸려서 수업에 못 갔어요.
선생님:	많이 아파요?
탐:	네, 목이 붓고 열도 나고 기침도 많이 나요.
선생님:	그래요? 병원에 갔어요?
탐:	아니오.
선생님:	그럼 빨리 병원에 가서 진찰을 받아 보세요.
	그리고 내일은 꼭 학교에 오세요.
탐:	네, 알겠어요. 오늘 숙제가 있어요?
선생님:	아니오. 없어요. 하지만 내일 듣기 시험이 있어요. 6 과를 공부하세요.
탐:	네, 감사합니다. 그럼 안녕히 계세요.
선생님:	네, 내일 봐요.

Exercise 4.

나의 방학

나의 여름 방학은 아주 길어요. 작년 여름 방학에는 부모님하고 비행기를 타고 하와이에 가서 놀았어요. 하와이의 바닷가에서 수영도 하고 선탠도 했어요. 이번 여름 방학에는 친구들하고 같이 레이니어 산에 갈 거에요. 레이니어 산은 나무도 많고 아름다운 호수도 있어요. 거기서 등산도 하고 캠핑도 할 거에요. 레이니어산은 시애틀에서 멀지 않아서 차를 타고 갈 거에요. 아주 재미있을 거에요

CHAPTER 6.5 무슨 띠에요?

Exercise 1. Write the name of the mother animal for each baby animal.

1. 망아지 _____   2. 강아지 _____.

3. 병아리 _____   2. 송아지 _____.

Exercise 2. 무슨 띠에요?

Exercise 3. Write the names of animals that fall in the following categories.

1. Farm animal   _____

2. Wild animal   _____

3. Edible/meat animal   _____

4. Imaginary animal   _____

5. Big animal   _____

6. Little animal   _____

7. Animals you can see in the zoo. _____

8. Animals in "The three little pigs" _____